1000

First Words
in German

Learning German

Learning a new language is fun. The best way to learn German is to go to a country where it is spoken all around you. Talking with someone who knows the language very well is good, too. If possible, share this book with a grown-up who will help you to pronounce the words properly and ask you the questions under each picture.

You may notice some ways in which German is different from English. For a start, all the words that are the names of things (called nouns) begin with a capital letter.

In English, there is only one word for **the**. We say **the house**, **the castle** and **the hat**. In German, there are three different words – **das Haus, die Burg** and **der Hut**. When we talk about more than one thing (plurals) in English, we usually put an **s** on the end of the word. In German, plurals are formed in lots of different ways, but the word for **the** that goes with them is always **die**.

The best thing to do is to try to learn the word for **the** when you learn a new word. You may notice that German has more than one word for **a** or **an**, too.

You may also notice that some G erman words have little signs above the letters. These help you to pronounce the word in the right way. German also has one letter that we don't have in English: **ß**. It stands for the sound **ss**.

Have fun learning German!

1000

First Words in German

Written by Nicola Baxter and Andrea Kenkmann

Illustrated by Susie Lacome

ARMADILLO

Published by Armadillo Books
an imprint of
Bookmart Limited
Registered Number 2372865
Trading as Bookmart Limited
Desford Road
Enderby
Leicester
LE9 5AD

ISBN 1 90046 682 1

Produced for Bookmart Limited by Nicola Baxter
PO Box 215
Framingham Earl
Norwich
NR14 7UR

Editorial consultant: Ronne Randall
Designer: Amanda Hawkes

Printed in Indonesia

Inhalt

Das Haus

der Mülleimer der Eimer der Wergzeugkasten der Blumenkasten

das Dach

das Rohr

der Weg

der Schornstein

die Leiter

das Fenster

die Tür

Who is in the garage?
Is the bucket blue?
Can you see two gloves?
Where are Teddy Bear's boots?

das Radio

die Stufe

die Thermosflasche

die Butterbrotdose

die Steine

die Dachpfanne

die Kletterrose

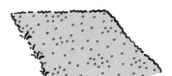
das Licht

der Parkplatz

die Klingel

die Serviette

die Antenne

der Handschuh

Wer ist in der Garage?
Ist der Eimer blau?
Kannst du zwei Handschuhe sehen?
Wo sind Teddybärs Stiefel?

7

Die Küche

der Messbecher

der Topf

das Kochbuch

der Toaster

das Nudelholz

das Einmachglas

der Kühlschrank

der Holzlöffel

die Pfanne

das Geschirrtuch

die Mikrowelle

What is on the cooker?
How many wooden spoons can you see?
Who is looking in the fridge?
What is in the taaster?

 die Arbeitsfläche

 der Hocker

 der Herd

 der Kessel

 das Bügeleisen

 die Spüle

 der Mixer

 das Spülmittel

 die Schublade

 die Pinnwand

 die Spülmaschine

 der Ablauf

die Schüssel

Was steht auf dem Herd?
Wieviele Holzlöffel kannst du sehen?
Wer schaut in den Kühlschrank?
Was ist im Toaster?

Das Schlafzimmer

 die Haarbürste die Bettdecke das Mobile  der Kamm

das Bett

der Schrank

die Kommode

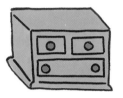
der Nachttisch

der Schlafanzug

der Morgenmantel

das Kopfkissen

What can you see in Teddy Bear's bedroom?
What is under the bedside table?
What colour are Teddy Bear's pyjamas?
What is on the bedside table?

10

die
Hausschuhe

die Socken

die Kiste

das Poster

der
Drachen

der Comic

die Lampe

die Messlatte

der Papierkorb

der Wecker

die Zeichnung

der Bügel

das Sparschwein

Was kannst du in Teddybärs Schlafzimmer sehen?
Was ist unter dem Tisch?
Welche Farbe hat Teddybärs Schlafanzug?
Was ist auf dem Tisch?

Das Badezimmer

 die Seife

 der Waschlappen

der Schwamm

die Zahnbürste

 die Badewanne

 das Waschbecken

 das Toilettenpapier

 die Dusche

 der Duschvorhang

 die Matte

 das Schränkchen

What colour are the wall tiles?
What is on the bath mat?
How many toothbrushes can you see?
How many pawprints can you find?

 die Toilette

 der Spiegel

 die Nagelbürste

der Wasserhahn

 die Waage

das Handtuch

 das Haarwaschmittel

 der Badezusatz

 die Zahnpasta

das Segelschiffchen

die Fliesen

 die Bürste

 die Gummiente

Welche Farbe haben die Fliesen?
Was liegt auf der Matte?
Wieviele Zahnbürsten kannst du sehen?
Wieviele Abdrücke kannst du finden?

Das Wohnzimmer

die Uhr · der Vorhang · die Stehlampe · das Kissen

der Teppich

der Sessel

das Bücherregal

die Zeitschrift

der Staubsauger

die Pflanze

das Staubtuch

What is on the sofa?
How many dusters can you see?
What is on the bookcase?
What colour is the armchair?

 die Zeitung

die Vase

der Videorekorder

 das Foto

der Teppichboden

das Bild

der Tisch

 die Fernbedienung

das Sofa

 der Kamin

 der Fernseher

 die Stereoanlage

 die Tapete

Was ist auf dem Sofa?
Wieviele Staubtücher kannst du sehen?
Was ist auf dem Bücherregal?
Welche Farbe hat der Sessel?

Der Speicher

 die Wiege

 das Puppenhaus

 der Käfig

 die Dachluke

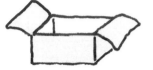
die Schachtel

der Bilderrahmen

der Koffer

die Schneiderpuppe

die Schier

die Birne

das Spinngewebe

How many jamjars can you see?
What is on the sledge?
Can you see a bed?
What is red and white?

 die Farbe

 der Liegestuhl

 die Flaschen

 der Sonnenhut

die Einmachgläser

die Falltür

 die Angel

 der Schaukelstuhl

der Christbaumschmuck

 die Nähmaschine

 das Schaukelpferd

 die Schlittschuhe

 der Schlitten

Wieviele Einmachgläser kannst du sehen?
Was ist auf dem Schlitten?
Kannst du ein Bett sehen?
Was ist rot und weiß?

Der Garten

die Schubkarre

die Heckenschere

die Erde

der Spaten

der Blumentopf

die Gießkanne

der Schlauch

die Heugabel   der Rasen   der Rasenmäher   das Saatgut

What is on the lawn?
What is in the wheelbarrow?
How many birds can you see?
What colour is the watering can?

18

die Blätter

das Vogelhäuschen

die Hacke

das Gartengerät

die Schaufel

das Vogelfutter

der Schuppen

der Blumenkorb

die Harke

die Hecke

die Blumen

das Vogelbad

der Besen

Was ist auf dem Rasen?
Was ist in der Schubkarre?
Wieviele Vögel kannst du sehen?
Welche Farbe hat die Gießkanne?

Die Straße

 das Fahrrad

 die Taube

die Süßigkeiten

 der Kuchen

 der Bürgersteig

 der Gitterzaun

die Laterne

 der Abfalleimer

 der Lieferwagen

 der Fahrer

 der Kinderwagen

How many wheels can you see?
Which shop sells lollipops?
What colour are the boots in the shoe shop?
Do you like cakes?

 die Schule

 die Bäckerei

 das Paket

die Straße

der Lutscher

der Gully

 der Helm

 die Einkaufstasche

 das Schuhgeschäft

 das Straßenschild

 der Süßwarenladen

 das Springseil

 die Stiefel

Hauptstraße

Wieviele Räder kannst du sehen?
Welches Geschäft verkauft Lutscher?
Welche Farbe haben die Stiefel im Schuhgeschäft?
Magst du Kuchen?

Der Supermarkt

die Geldbörse

das Geld

das Obst

die Handtasche

die Dosen

der Kunde

der Einkaufswagen

die Schlange

der Korb

die Tüte

die Kasse

How many bears are in the queue?
Can you see Teddy Bear?
Where is the milk?
What is on the conveyor belt?

22

die Milch der Schlüssel der Joghurt der Karton der Saft der Honig der Preiscode

 der Verkäufer

 der Kassenbon

 das Schild

 der Kassierer

 das Gemüse

 das Band

Wieviele Bären stehen in der Schlange?
Kannst du Teddybär sehen?
Wo ist die Milch?
Was ist auf dem Band?

23

In der Schule

 die Lehrerin

 die Filzstifte

 das Papier

 das Wassertöpfchen

 das Lineal

 die Tafel

 die Landkarte

 die Buntstifte

 der Lehm

 die Kreide

  die Kleiderhaken

What is the teacher holding?
What do you need for painting?
How many pupils can you see?
What colour is the ruler?

der Schüler der Pinsel der Radiergummi das Portrait das Aquarium die Staffelei der Malkasten

das Alphabet

abcde
fghijkl
mnopq
rstuvw
xyz

das Heft

der Computer

die Schultasche

das Puzzle

Was hält die Lehrerin in der Hand?
Was brauchst du zum Malen?
Wieviele Schüler kannst du sehen?
Welche Farbe hat das Lineal?

die Schere

Die Fahrzeuge

der Hubschrauber der Heißluftballon die Rakete der Fallschirm

der Bus das Auto der Abschleppwagen

der Wohnwagen der Kleinbus der Kipper

der Oldtimer das Tandem die Planierraupe

Can you see Teddy Bear?
What colour is the refuse truck?
Which car is very old?
How many cars can you see?

der Rennwagen

die Dampfwalze

der Müllwagen

der Laster

der Gokart

der Lastwagen

das Motorrad

der Tankwagen

der Bagger

der Autotransporter

der Möbelwagen

Kannst du Teddybär sehen?
Welche Farbe hat der Müllwagen?
Welches Auto ist sehr alt?
Wieviele Autos kannst du sehen?

Der Bauernhof

das Schaf   das Lamm   das Schwein   das Ferkel

die Küken

die Henne

der Hund

das Pferd

das Fohlen

der Bauer

das Bauernhaus

Where is the duck?
What has the farmer got under his arm?
How many chicks does the farmer have?
Is the tractor yellow?

28

 die Ente
 das Entlein
 die Katze
 die Maus
 das Tor
 der Zaun
 die Vogelscheuche

 der Teich

 der Hahn

 die Kuh

 das Kalb

das Feld

 der Traktor

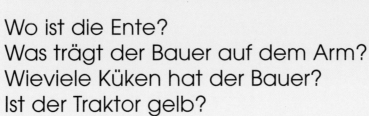

Wo ist die Ente?
Was trägt der Bauer auf dem Arm?
Wieviele Küken hat der Bauer?
Ist der Traktor gelb?

Der Park

das Eis

die Rutsche

die Schaukel

der Jogger

der Sandkasten

der Springbrunnen

das Blumenbeet

die Bank

die Knieschoner

der Vogel

die Hupe

Is Teddy Bear on the swing?
Where is the hamper?
How many bears are wearing helmets?
How many wheels does a tricycle have?

 das Dreirad

 das Skateboard

 die Wippe

 die Räder

 der Picknickkorb

der Reifen

der Ball

 das Picknick

 das Eichhörnchen

die Butterbrote

 der Roller

 die Rollschuhe

 der Walkman

Ist Teddybär auf der Schaukel?
Wo ist der Picknickkorb?
Wieviele Bären tragen Helme?
Wieviele Räder hat ein Dreirad?

Die Märchenwelt

der Zauberstab

der Brunnen   der Pilz   der Kobold   die Fee

die Lanze   das Schild   die Krone

das Schwert

die Rüstung

der Drache   der Ritter   die Prinzessin

Who can do magic?
What colour is the dragon?
Where does a king live?
Who wears armour?

das Banner

der Zylinder

der Page   der Kürbis

der Zauberer

der Mantel

der Prinz   die Königin   der König   der Riese   die Burg

Wer kann zaubern?
Welche Farbe hat der Drachen?
Wo lebt der König?
Wer trägt eine Rüstung?

Auf dem Lande

 das Zelt  der Baum der Spaziergänger  die Brücke

der Wald

der Berg

die Wiese

der Fluss

der See

der Ast

das Lagerfeuer

How many carriages is the engine pulling?
Who is sitting on a log?
Is the sleeping bag in the tent?
Is the rowing boat on the river?

der Stamm

 die Lokomotive

 der Waggon

 der Strauch

 das Fernglas

 der Wasserfall

 der Baumstamm

 das Dorf

 die Schienen

 das Ruderboot

 der Hügel

 der Schlafsack

 die Steine

cep

Wieviele Waggons zieht die Lokomotive?
Wer sitzt auf dem Baumstamm?
Ist der Schlafsack im Zelt?
Ist das Ruderboot auf dem Fluss?

Der Hafen

die Fische

die Paddel

das Seil

die Boje

die Bullaugen

das U-Boot

der Ozeandampfer

der Fischer

der Kran

das Fischerboot

das Motorboot

What can go under the water?
What are round windows on a boat called?
How many fish can you see?
What is on the jetty?

die Schwimmweste

 der Haken

 der Anker

 der Hummer

 der Mast

das Kanu

 die Wasserschier

 der Hummerkorb

der Taucheranzug

 der Landungssteg

 das Frachtschiff

 der Taucher

 der Rettungsring

Was kann unter Wasser gehen?
Wie nennt man die runden Fenster des Ozeandampfers?
Wieviele Fische kannst du sehen?
Was steht auf dem Landungssteg?

Der Flughafen

der Spazierstock

das Milchmixgetränk

der Gepäckwagen

die Anzeigetafel

der Flughafenbus

das Flugzeug

der Tower

How many suitcases can you see?
Who is carrying a mop?
Can you see our Teddy Bear?
Have you ever flown in an aeroplane?

   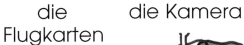

die
Brieftasche

der Kaffee

die
Startbahn

der Mopp

die Putzfrau

die
Flugkarten

die Kamera

die Windhose

der Pilot

der Schalter

die Stewardess

der Rucksack

das Telefon

Wieviele Koffer kannst du sehen?
Wer trägt den Mopp?
Kannst du Teddybär sehen?
Bist du schon einmal in einem Flugzeug geflogen?

Das Krankenhaus

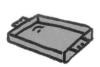 das Tablett

 die Krankenschwester

 das Wasserglas

 der Verband

das Bettlaken

der Arzt

das Nachthemd

die Medizin

der Besucher

die Gehhilfe

die Watte

What is the nurse holding?
Where is the lift?
Is the wheelchair red?
Have you ever been in hospital?

 der Aufzug  der Pfleger die Uhr die Schlinge das Pflaster die Spritze  die Decke

 die Grußkarte

 der Gipsverband

 die Fieberkurve

 das Stethoskop

 das Thermometer

 der Rollstuhl

Was hält die Krankenschwester in der Hand?
Wo ist der Aufzug?
Ist der Rollstuhl rot?
Bist du schon einmal im Krankenhaus gewesen?

Das Meer

 die Piratenflagge

 das Seepferdchen

 die Kette

 die Perle

 der Wal

das Segelschiff

die Flaschenpost

 der Hai

 der Schwimmer

 die Schatztruhe

 die Qualle

What is on the island?
What is in the sea?
What goes in a keyhole?
Which is the biggest animal in the sea?

 die Koralle

 der Tintenfisch

 der Pirat

 der Delfin

 die Pistole

 die Augenklappe

 die Auster

 die Schatzkarte

 das Schloss

 die Insel

 die Alge

 die Meerjungfrau

 die Palme

Was ist auf der Insel?
Was ist im Meer?
Was gehört ins Schloss?
Was ist das größte Tier im Meer?

Der Spielwarenladen

das Teeservice

der Kastenteufel

die Farbstifte

der Kreisel

das Spielhaus

das Brettspiel

die Handpuppe

How many building bricks can you see?
Who is holding a glove puppet?
Which toys are for babies?
Which is your favourite toy?

 die Holzperlen

 das Wägelchen

 das Jo-Jo

 die Würfel

die Murmeln

 der Roboter

 das Stapelspiel

 die Bauklötze

 die Holzraupe

 die Soldaten

 das Malbuch

 das Spielzeugauto

 das Kostüm

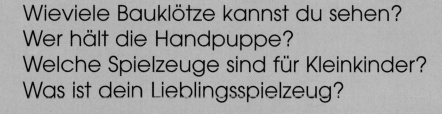
Wieviele Bauklötze kannst du sehen?
Wer hält die Handpuppe?
Welche Spielzeuge sind für Kleinkinder?
Was ist dein Lieblingsspielzeug?

Die Werkstatt

der
Schraubenschlüssel

die
Taschenlampe

die Tasse

der Bohrer

die Tasche

der Kalender

das Regal

der Knauf

das Maßband

die Plätzchen

die Arche Noah

How many animals can you see?
What is on the workbench?
What is on the shelf?
What colour is the door?

die Säge

der Schraubenzieher

die Schrauben

die Nägel

der Hammer

die Schutzbrille

das Taschenmesser

das Schmirgelpapier

der Holzhammer

das Brett

die Tiere

die Zange

die Werkbank

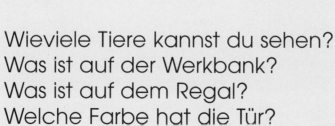
Wieviele Tiere kannst du sehen?
Was ist auf der Werkbank?
Was ist auf dem Regal?
Welche Farbe hat die Tür?

Das Strandleben

 das Fähnchen

 der Sand

 die Muschel

 das Meer

 die Sandburg

 der Seestern

der Badeanzug

der Sonnenschirm

 die Kieselsteine

 das Netz

 die Sonnenbrille

How many legs does a starfish have?
How many sea shells can you see?
What is very cold?
What colour is the flag?

 die Krabbe

 die Schwimmflossen

 die Jacht

 die Schwimmreifen

 die Sonne

 die Wellen

 die Sonnencreme

 der Leuchtturm

 der Gummiring

 der Strandball

 die Badehose

 die Möwe

 das Eis am Stiel

Wieviel Beine hat ein Seestern?
Wieviele Muscheln kannst du sehen?
Was ist ganz kalt?
Welche Farbe hat das Fähnchen?

Der Geburtstag

das Geschenk

der Clown

die Kerze

der Knopf

der Strohhalm

der Hut

das Stück Kuchen

die Limonade

der Becher

das Tischtuch

der Geburtstagskuchen

How old is the birthday bear?
How old are you?
How many balloons can you see?
Who is under the table?

die Weste

das Band

der Ballon

die Fliege

die Maske

die Schleife

die
Augenbinde

das
Geschenkpapier

die Luftschlangen

die
Überraschungstüte

der Briefumschlag

die
Geburtstagskarte

das Kleid

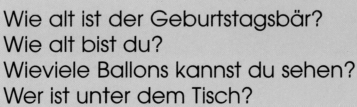

Wie alt ist der Geburtstagsbär?
Wie alt bist du?
Wieviele Ballons kannst du sehen?
Wer ist unter dem Tisch?

Die Körperteile

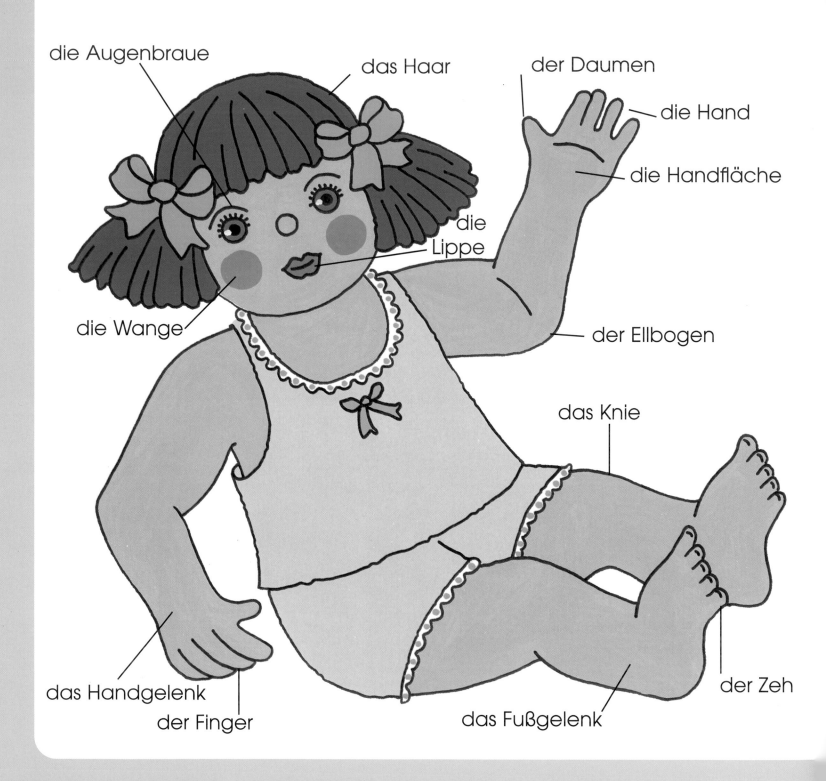

die Augenbraue

das Haar

der Daumen

die Hand

die Handfläche

die Lippe

die Wange

der Ellbogen

das Knie

das Handgelenk

der Finger

das Fußgelenk

der Zeh

How many toes does the doll have?
What colour is her hair?
Do you have paws?
Are your eyes as blue as Teddy's?

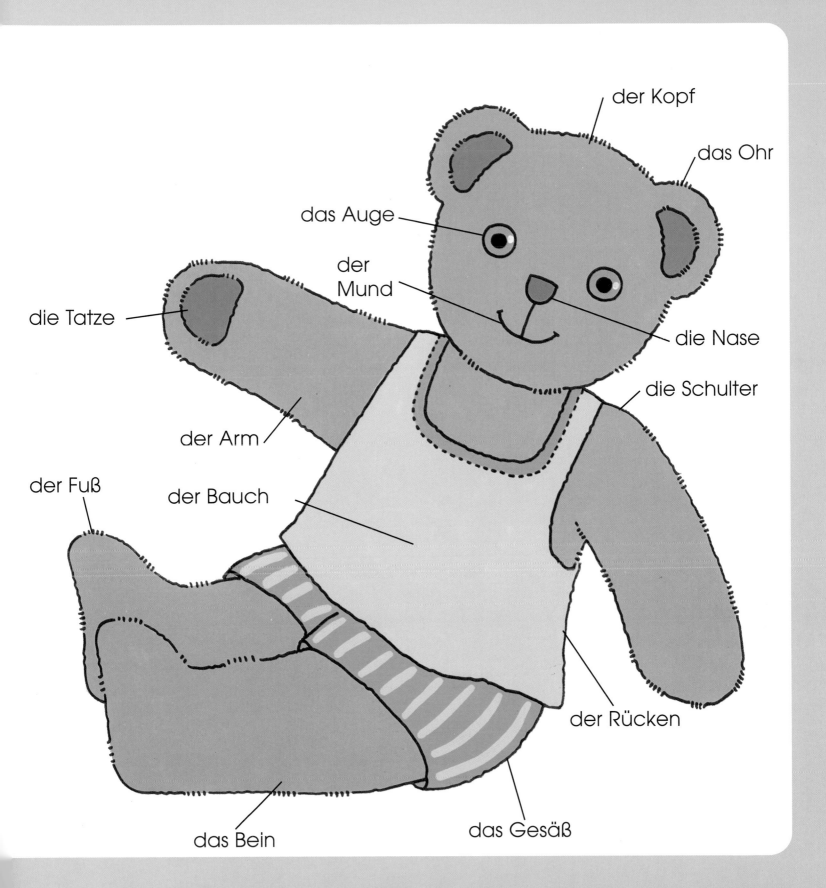

der Kopf

das Ohr

das Auge

der Mund

die Nase

die Schulter

die Tatze

der Arm

der Fuß

der Bauch

der Rücken

das Bein

das Gesäß

Wieviele Zehen hat die Puppe?
Welche Farbe hat ihr Haar?
Hast du Tatzen?
Sind deine Augen so blau wie Teddybärs?

Aktive Bären

| kriechen | sitzen | lesen | kuscheln |

| singen | trinken | essen | schreiben |

| winken | waschen | trocknen | schlafen |

What do you like doing best?
What is Teddy Bear doing?
What do babies do?
Are you sitting or standing?

treten   springen   fahren   hüpfen

gehen   anziehen   rennen   seilspringen

schieben   ziehen   tanzen   stehen

Was tust du am Liebsten?
Was macht Teddybär?
Was tun Babys?
Stehst du oder sitzt du?

Die Jahreszeiten

der Frühling

der Sommer

der Herbst

der Winter

Which season is it now?
Is there snow in the summer?
When does Teddy Bear fly his kite?
What comes from clouds?

Das Wetter

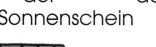
der
Sonnenschein

der Schnee

der Regenbogen

das Eis

der Sturm

die Eiszapfen

der Wind

die Schneeflocke

die Wolke

der
Wirbelsturm

der
Schneeman

der Regen

der Tau

der Blitz

die Hitze

das Hochwasser

der Frost

der Nebel

die Kälte

die Pfützen

Welche Jahreszeit ist es im Augenblick?
Gibt es Schnee im Sommer?
Wann lässt Teddybär Drachen steigen?
Was kommt aus den Wolken?

Das Lieblingsessen

die Butter

der Keks

die Cornflakes

der Zucker

die Suppe

das Wurstbrötchen

die Pommes Frites

die Soßen

die Schokolade

der Reis

die Kringel

die Nudeln

What is your favourite food?
Do you like cheese?
How many spoons can you see?
What is on Teddy Bear's ears?

der Salat

der Hamburger

die Pizza

die Bohnen

das Küchlein

der Käse

das Brot

die Würste

die Nüsse

das Mehl

das Omlett

der Kirschkuchen

Was ist dein Lieblingsessen?
Magst du Käse?
Wieviele Löffel kannst du sehen?
Was ist auf Teddybärs Ohren?

Sport und Spiele

Cricket

Baseball

American Football

Tennis

Hochsprung

Bogenschießen

Dreibeinrennen

Bergsteigen

Schwimmen

Stabhochsprung

die Mannschaft

Turnen

Can you see Teddy Bear?
Which sports need a ball?
Which is your favourite sport?
How many bears are waving?

Trampolinspringen Radfahren Gewichtheben Rudern

Rollschuhlaufen Golf Fußball Sackhüpfen

Eislaufen Basketball Judo der Pokal

Kannst du Teddybär sehen?
Für welche Sportart braucht man einen Ball?
Was ist dein Lieblingsport?
Wieviele Bären winken?

Die Musik

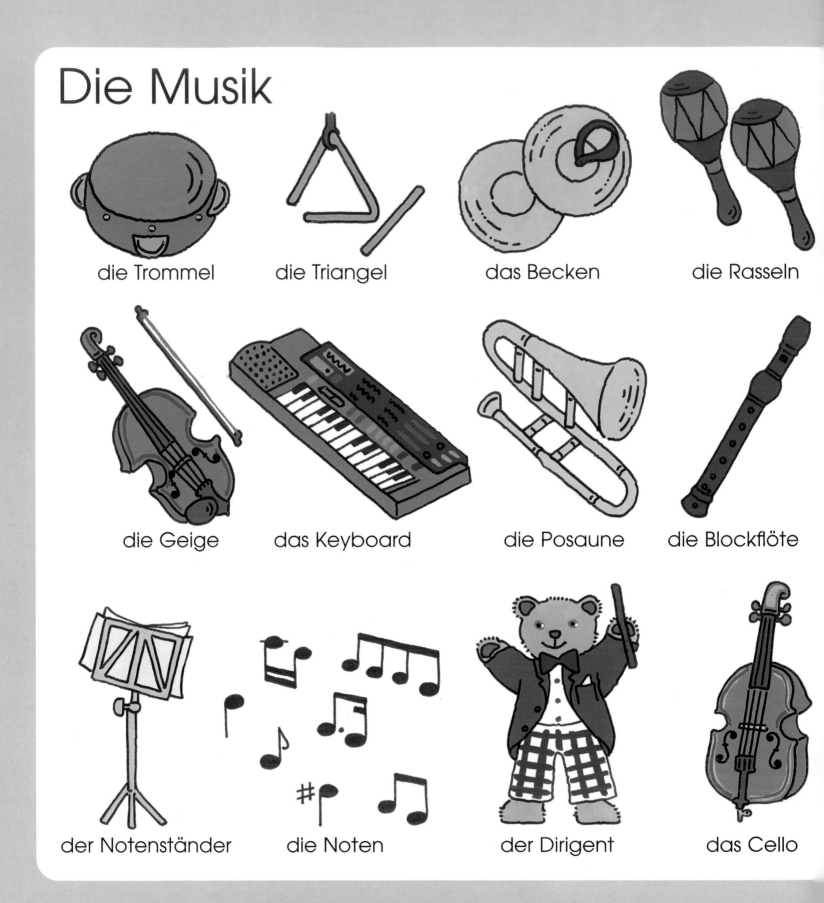

die Trommel

die Triangel

das Becken

die Rasseln

die Geige

das Keyboard

die Posaune

die Blockflöte

der Notenständer

die Noten

der Dirigent

das Cello

Can you play these instruments?
Which instruments do you blow?
Which instruments have strings?
Which instruments do you hit?

die Querflöte   das Notenblatt   die Oboe   die Trompete

das Saxophon   das Banjo   das Xylophon   die Gitarre

die Harfe   der Flügel   die Pauke

Kannst du diese Instrumente spielen?
Welche Instrumente werden geblasen?
Welche Instrumente haben Saiten?
Welche Instrumente werden geschlagen?

Das Kinderzimmer

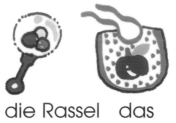
die Rassel   das Lätzchen

die Flasche

der Schnuller

die Schühchen

das Überwachungsgerät

die Wickelmatte

das Fotoalbum

die Spardose

der Strampelanzug

das Kinderbett

Does a baby sleep in a big bed?
What colour is the plastic cup?
What are the baby bears wearing?
Do you have a money box?

der
Kinderwagen

die Decke

die Windel

die Tücher

der Beißring

das
Töpfchen

der
Kinderstuhl

der
Plastikbecher

das Bilderbuch

das Holzbuch

das Stofftier

die Matratze

Schläft ein Baby in einem großen Bett?
Welche Farbe hat der Plastikbecher?
Was tragen die Babybären?
Hast du eine Spardose?

die Wickeltasche

Die Zahlen

ein Haus

zwei Autos

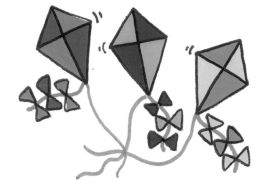

drei Drachen

vier Hasen

fünf Luftballons

sechs Entlein

sieben Erdbeeren

acht Buntstifte

neun Blumen

zehn Herzen

What colour are the rabbits?
How many bears can you see?
How many flowers can you count?
What is five plus seven?

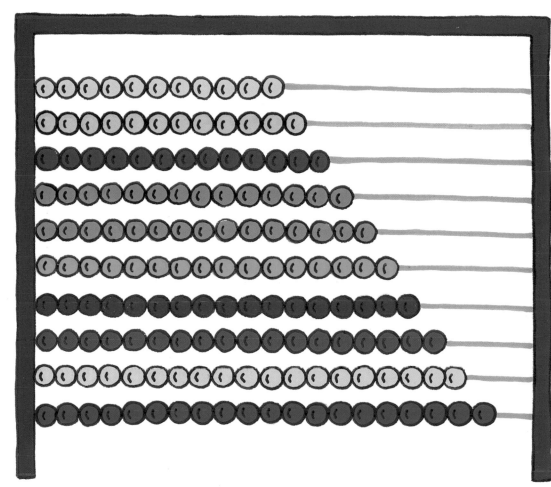

11 elf
12 zwölf
13 dreizehn
14 vierzehn
15 fünfzehn
16 sechzehn
17 siebzehn
18 achtzehn
19 neunzehn
20 zwanzig

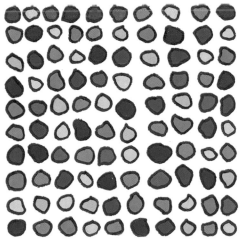

einhundert

der Dritte   der Zweite   der Erste

Welche Farbe haben die Hasen?
Wieviele Bären siehst du?
Wieviele Blumen kannst du zählen?
Was ist fünf plus sieben?

Die Farben

 blau rot  grau rosa grün

weiß

schwarz

gelb

braun

lila

orange

dunkelblau

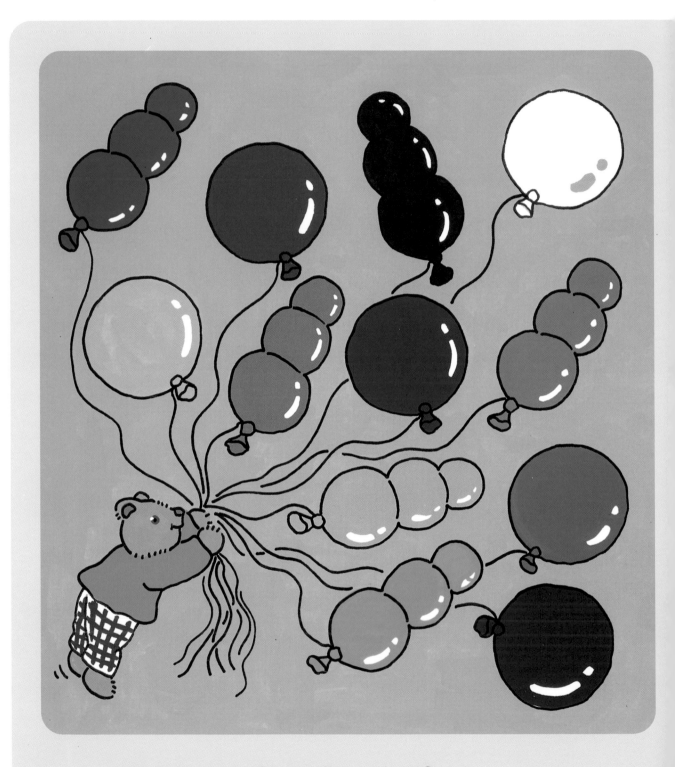

What is your favourite colour?
What colour is Teddy Bear's top?
Are there zigzags on Teddy Bear's trousers?
Which shape is pink?

Die Formen

das Herz
die Streifen
der Kreis
das Quadrat
der Stern
die Raute

das Rechteck

die Zacken

die Punkte

das Oval

das Dreieck

die Karos

Was ist deine Lieblingsfarbe?
Welche Farbe hat Teddybärs Pullover?
Sind Zacken auf Teddybärs Hose?
Welche Form ist rosa?

69

Die Kleidung

 die Mütze

 das Taschentuch

 die Handschuhe

 die Turnschuhe

 der Schal

 die Jeans

 die Jacke

 die Bluse

 das Unterhemd

 die Hose

 der Pullover

What do you wear on hot days?
What do you wear on cold days?
What colour are the mittens?
What are you wearing now?

70

 der Anorak

 die Stiefel

 die kurze Hose

 der Rock

 die Unterhose

 das T-Shirt

 die Wäscheklammer

 die Schuhe

 die Latzhose

 das Hemd

 der Mantel

 der Schlips

 die Strumpfhose

Was trägst du an heißen Tagen?
Was trägst du an kalten Tagen?
Welche Farbe haben die Handschuhe?
Was trägst du im Moment?

Die Verwandte

die Urgroßmutter

der Urgroßvater

die Großmutter der Großvater

die Großtante

der Großonkel

der Vater die Mutter

die Tante der Onkel

die Schwester Teddybär der Bruder

die Cousine

die Zwillinge

Do you have any brothers or sisters?
How many brothers does Teddy Bear have?
How are you feeling now?
Are you frightened of spiders?

Die Gefühle

ängstlich

glücklich

schüchtern

verlegen

gelangweilt

ärgerlich

nachdenklich

traurig

stolz

schuldig

Hast du Brüder und Schwestern?
Wieviele Brüder hat Teddybär?
Wie fühlst du dich jetzt?
Machen Spinnen dich ängstlich?

Die Früchte

die Birne   die Banane   die Melone   die Limone

die Himbeere

die Weintrauben

die Blaubeeren

die Feige

die Mango

der Rhabarber

die Stachelbeere

Which is your favourite fruit?
How many bananas can you see?
What is Teddy Bear eating?
Which fruits are red?

74

die
Apfelsine

 der Pfirsich

 die Zitrone

 die
Pflaume

 die Aprikose

die Kirsche

 der Apfel

 die Papaya

 die Grapefruit

 die Erdbeere

 die
Johannisbeeren

 die Manderine

 die Ananas

Was ist deine Lieblingsfrucht?
Wieviele Bananen kannst du sehen?
Was isst Teddybär?
Welche Früchte sind rot?

75

Das Gemüse

die Pilze

die Möhre

der Brokkoli

die Paprika

die Erbsen

das Lauch

der Mais

die Zwiebel

die Kartoffel

der Blumenkohl

die Tomaten

der Stangensellerie

Do you like carrots?
What is Teddy Bear eating?
Which vegetables are green?
What is your favourite vegetable?

der Kopfsalat

die Rote-Beete

die dicken Bohnen

die Pastinake

die Gurke

die Radieschen

die Süßkartoffel

die Bohnen

die Rübe

die Kräuter

der Kohl

die Zucchini

Magst du Möhren?
Was isst Teddybär?
Welches Gemüse ist grün?
Was ist dein Lieblingsgemüse?

Die Blumen

 der Mohn

 die Iris

 das Gänseblümchen

 die Glockenblume

 das Stiefmütterchen

 die Narzisse

 die Dahlie

 die Sonnenblume

 die Nelke

 die Lilie

 die Rose

Which flowers are yellow?
Which flower grows very tall?
What is under the cup?
What is Teddy Bear holding?

Zu Tisch

 der Teelöffel
 der Pfeffer
 das Salz
 die Untertasse
 die Tasse

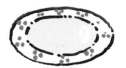 der Teller

 das Messer

 die Gabel

 der Löffel

 das Set

 das Glas

 der Wasserkrug

Wieviele Blumen sind gelb?
Welche Blume wird sehr groß?
Was ist unter der Tasse?
Was hält Teddybär in der Hand?

Die Gegensätze

langsam

schnell

groß

klein

lang

kurz

offen

geschlossen

an

aus

unten

oben

Is the elephant small?
Is this book open or shut?
Are you inside or outside?
Are balloons heavy?

rauf   runter   alt   neu

voll   leer   leicht   schwer

drinnen   draußen   dünn   dick

Ist der Elefant klein?
Ist dieses Buch offen oder geschlossen?
Bist du drinnen oder draußen?
Sind Ballons schwer?

Die Vögel

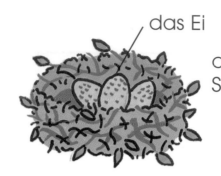

das Ei

der Schnabel

der Flügel

die Feder

das Nest

die Eule

der Lund

der Tukan

der Penguin

der Pfau

der Strauß

das Emu

What is in the nest?
How many beaks can you see?
Which birds are black and white?
Which birds are eating fishes?

der Eisvogel   die Schwalbe   der Kiwi   der Kolibri

der Albatros   der Geier   die Gans   der Truthahn

der Flamingo   der Pelikan   der Storch   der Schwan

Was ist im Nest?
Wieviele Schnäbel kannst du sehen?
Welche Vögel sind schwarz und weiß?
Welche Vögel fressen Fische?

Insekten

und andere Tierchen

 die Biene

 die Schnecke

 der Marienkäfer

 die Eidechse

 der Wurm

 der Schmetterling

 die Wespe

 die Raupe

 der Käfer

 der Tausendfüßler

 das Chamäleon

Which minibeasts have wings?
Which minibeast has six black spots?
Which minibeast carries its own house?
Which minibeasts do not have legs?

 die Motte

 die Ameise

 der Grashüpfer

die Nacktschnecke

die Fliege

der Floh

die Puppe

 die Heuschrecke

 die Tarantel

 der Frosch

 der Hundertfüßer

die Libelle

 die Spinne

Welche Insekten haben Flügel?
Welches Insekt hat sechs schwarze Punkte?
Welches Tier trägt sein eigenes Haus?
Welche Tiere haben keine Beine?

Wilde Tiere

der Koalabär

das Nashorn

das Gürteltier

das Känguru

der Eisbär

der Gorilla

die Giraffe

der Affe

der Tiger

der Elefant

die Schlange

der Pandabär

Which animal is very long?
Which animal is very fat?
Which animal is Teddy Bear feeding?
Which is your favourite animal?

der Waschbär   der Büffel   das Stachelschwein   das Zebra

der Braunbär   das Krokodil   das Kamel   der Löwe

der Wolf   der Leopard   der Biber   das Nilpferd

Welches Tier ist ganz lang?
Welches Tier ist ganz dick?
Welches Tier füttert Teddybär?
Was ist dein Lieblingstier?

Die Haustiere

die Hundehütte das Kätzchen der Hamster der Stall

der Kanarienvogel

das Kaninchen

der Papgei

der Wellensittich

das Meerschweinchen

das Futter

der Goldfisch

Do you have a pet?
Who lives in the kennel?
Where is the rabbit?
What is in the fish tank?

 der Welpe die Blasen  die Bürste die Schildkröte  der Knochen der Leine das Halsband

der Fressnapf

der Katzenkorb

das Aquarium

die Katzenklappe

die Wasserschildkröte

das Wasserschälchen

Hast du ein Haustier?
Wer lebt in der Hundehütte?
Wo ist das Kaninchen?
Was ist im Aquarium?

Die Wörter

a

abacus *der Rechenschieber*
aerial *die Antenne*
aeroplane *das Flugzeug*
airport bus *der Flughafenbus*
alarm clock *der Wecker*
albatros *der Albatros*
alphabet *das Alphabet*
American football *American Football*
anchor *der Anker*
angry *ärgerlich*
animals *die Tiere*
ankle *das Fußgelenk*
anorak *der Anorak*
ant *die Ameise*
apple *der Apfel*
apricot *die Aprikose*
aquarium *das Aquarium*
archery *Bogenschießen*
arm *der Arm*
armadillo *das Gürteltier*
armbands *die Schwimmreifen*
armchair *der Sessel*
armour *die Rüstung*
aunt *die Tante*
autumn *der Herbst*

b

baby alarm *das Überwachungsgerät*
back brush *die Bürste*
back *der Rücken*
baggage trolley *der Gepäckwagen*
bakery *die Bäckerei*
ball *der Ball*
balloon *der Ballon*

banana *die Banane*
bandage *der Verband*
banjo *das Banjo*
banner *das Banner*
barcode *der Preiscode*
baseball *Baseball*
basketball *Basketball*
bath *die Badewanne*
beachball *der Strandball*
beak *der Schnabel*
beaker *der Becher*
beans *die Bohnen*
bear (brown) *der Braunbär*
beaver *der Biber*
bed *das Bett*
bedside table *der Nachttisch*
bee *die Biene*
beetle *der Käfer*
beetroot *die Rote-Beete*
bench *die Bank*
bib *das Lätzchen*
bicycle *das Fahrrad*
big *groß*
binoculars *das Fernglas*
bird bath *das Vogelbad*
bird food *das Vogelfutter*
bird *der Vogel*
birthday cake *der Geburtstagskuchen*
birthday card *die Geburtstagskarte*
biscuit *der Keks*
black *schwarz*
blanket *die Decke*
blindfold *die Augenbinde*
blouse *die Bluse*
blue *blau*
bluebell *die Glockenblume*

blueberries *die Blaubeeren*
board book *das Holzbuch*
board game *das Brettspiel*
bone *der Knochen*
bookcase *das Bücherregal*
bootees *die Schühchen*
boots *die Stiefel*
bored *gelangweilt*
bottles *die Flaschen*
bottom *das Gesäß*
bow tie *die Fliege*
bow *die Schleife*
box *die Kiste*
branch *der Ast*
bread *das Brot*
bricks *die Steine*
bridge *die Brücke*
briefcase *die Brieftasche*
broad beans *die dicken Bohnen*
broccoli *der Brokkoli*
broom *der Besen*
brother *der Bruder*
brown *braun*
brush *die Bürste*
bubble bath *der Badezusatz*
bubbles *die Blasen*
bucket *der Eimer*
budgerigar *der Wellensittich*
buffalo *der Büffel*
buggy *der Kinderwagen*
building blocks *die Bauklötze*
bulldozer *die Planierraupe*
buoy *die Boje*
bush *der Strauch*
butter *die Butter*
butterfly *der Schmetterling*
button *der Knopf*

c

cabbage *der Kohl*
cabinet *der Schränkchen*
cage *der Käfig*
cake *der Kuchen*
calendar *der Kalender*
calf *das Kalb*
camel *das Kamel*
camera *die Kamera*
camp fire *das Lagerfeuer*
canary *der Kanarienvogel*
candle *die Kerze*
canoe *das Kanu*
cans *die Dosen*
car transporter *der Autotransporter*
car *das Auto*
caravan *der Wohnwagen*
cardboard box *die Schachtel*
carnation *die Nelke*
carpet (fitted) *der Teppichboden*
carriage *der Waggon*
carrier bag *die Tüte*
carrot *die Möhre*
carton *der Karton*
cashier *der Kassierer*
castle *die Burg*
cat basket *der Katzenkorb*
cat flap *die Katzenklappe*
cat *die Katze*
caterpillar *die Raupe*
cauliflower *der Blumenkohl*
celery *der Stangensellerie*
cello *das Cello*
centipede *der Hundertfüßer*
cereal *die Cornflakes*

chain *die Kette*
chalk *die Kreide*
chalkboard *die Tafel*
chameleon *das Chamäleon*
changing bag *die Wickeltasche*
changing mat *die Wickelmatte*
check-in desk *der Schalter*
checks *die Karos*
cheek *die Wange*
cheese *der Käse*
cherry cake *der Kirschkuchen*
cherry *die Kirsche*
chest of drawers *die Kommode*
chicks *die Küken*
chimney *der Schornstein*
chips *die Pommes Frites*
chocolate *die Schokolade*
Christmas tree decorations *der Christbaumschmuck*
chrysalis *die Puppe*
circle *der Kreis*
clay *der Lehm*
cleaning lady *die Putzfrau*
climbing rose *die Kletterrose*
climbing *Bergsteigen*
cloak *der Mantel*
clock *die Uhr*
clothes peg *die Wäscheklammer*
cloud *die Wolke*
clown *der Clown*
coach *der Bus*
coat hooks *die Kleiderhaken*
coat *der Mantel*
coathanger *der Bügel*
cockerel *der Hahn*
coffee *der Kaffee*
cold *die Kälte*
collar *das Halsband*

coloured pencils *die Farbstifte*
colouring book *das Malbuch*
comb *der Kamm*
comic *der Comic*
computer *der Computer*
conductor *der Dirigent*
container ship *das Frachtschiff*
control tower *der Tower*
conveyor belt *das Band*
cookbook *das Kochbuch*
cooker *der Herd*
cookies *die Plätzchen*
coral *die Koralle*
cot *das Kinderbett*
cotton wool *die Watte*
courgette *die Zucchini*
cousin *die Cousine (der Cousin)*
cow *die Kuh*
crab *die Krabbe*
cradle *die Wiege*
crane *der Kran*
crawling *kriechen*
crayons *die Buntstifte*
cricket *Cricket*
crocodile *das Krokodil*
crown *die Krone*
cucumber *die Gurke*
cuddling *kuscheln*
cuddly toy *das Stofftier*
cup *die Tasse*
curtain *der Vorhang*
cushion *das Kissen*
customer *der Kunde*
cycling *Radfahren*
cymbals *das Becken*

d

daffodil *die Narzisse*
dahlia *die Dahlie*

daisy *das Gänseblümchen*
dancing *tanzen*
dark blue *dunkelblau*
deck chair *der Liegestuhl*
delivery van *der Lieferwagen*
dew *der Tau*
diamond (shape) *die Raute*
dice *die Würfel*
digger *der Bagger*
dishwasher *die Spülmaschine*
diver *der Taucher*
doctor *der Arzt*
dog bowl *der Fressnapf*
dog *der Hund*
doll *die Puppe*
doll's house *das Puppenhaus*
dolphin *der Delfin*
door *die Tür*
doorbell *die Klingel*
doorknob *der Knauf*
doorstep *die Stufe*
down *runter*
dragon *der Drache*
dragonfly *die Libelle*
drain *der Gully*
draining board *der Ablauf*
drawer *die Schublade*
dress *das Kleid*
dressing gown *der Morgenmantel*
dressing *anziehen*
dressing-up outfit *das Kostüm*
dressmaker's dummy *die Schneiderpuppe*
drill *der Bohrer*
drinking straw *der Strohhalm*
drinking *trinken*
driver *der Fahrer*
drum *die Trommel*
drying *trocknen*
duck *die Ente*

duckling *das Entlein*
dumper truck *der Kipper*
dungarees *die Latzhose*
dustbin *der Mülleimer*
duster *das Staubtuch*
duvet *die Bettdecke*

e

ear *das Ohr*
easel *die Staffelei*
eating *essen*
egg *das Ei*
eight *acht*
eighteen *achtzehn*
elbow *der Ellbogen*
elephant *der Elefant*
eleven *elf*
elf *der Kobold*
embarrassed *verlegen*
empty *leer*
emu *das Emu*
engine *die Lokomotive*
envelope *der Briefumschlag*
eraser *der Radiergummi*
exercise book *das Heft*
eye patch *die Augenklappe*
eye *das Auge*
eyebrow *die Augenbraue*

f

fairy *die Fee*
farmer *der Bauer*
farmhouse *das Bauernhaus*
fast *schnell*
fat *dick*
father *der Vater*
feather *die Feder*
feeding bottle *die Flasche*
felt pens *die Filzstifte*

fence *der Zaun*
field *das Feld*
fifteen *fünfzehn*
fig *die Feige*
finger *der Finger*
fireplace *der Kamin*
first *der Erste*
fish tank *das Aquarium*
fish *die Fische*
fisherman *der Fischer*
fishing boot *das Fischerboot*
fishing rod *die Angel*
five *fünf*
flag *das Fähnchen*
flamingo *der Flamingo*
flannel *der Waschlappen*
flask *die Thermosflasche*
flea *der Floh*
flippers *die Schwimmflossen*
flood *die Überschwemmung*
flour *das Mehl*
flower bed *das Blumenbeet*
flowerpot *der Blumentopf*
flowers *die Blumen*
flute *die Querflöte*
fly *die Fliege*
foal *das Fohlen*
fog *der Nebel*
food mixer *der Mixer*
foot *der Fuß*
forest *der Wald*
fork (garden) *die Heugabel*
fork (table) *die Gabel*
fort *das Fort*
fountain *der Springbrunnen*
four *vier*
fourteen *vierzehn*
fridge *der Kühlschrank*
frightened *ängstlich*
frog *der Frosch*

frost *der Frost*
fruit *das Obst*
frying pan *die Pfanne*
full *voll*

g

garden tool *das Gartengerät*
gate *das Tor*
get-well card *die Grußkarte*
giant *der Riese*
giraffe *die Giraffe*
glass *das Glas*
glove puppet *die Handpuppe*
glove *der Handschuh*
goggles *die Schutzbrille*
go-kart *der Gokart*
goldfish *der Goldfisch*
golf *Golf*
goose *die Gans*
gooseberry *die Stachelbeere*
gorilla *der Gorilla*
grand piano *der Flügel*
grandfather *der Großvater*
grandmother *die Großmutter*
grapefruit *die Grapefruit*
grapes *die Weintrauben*
grasshopper *der Grashüpfer*
great aunt *die Großtante*
great grandfather *der Urgroßvater*
great grandmother *die Urgroßmutter*
great uncle *der Großonkel*
green *grün*
grey *grau*
guilty *schuldig*
guinea pig *das Meerschweinchen*
guitar *die Gitarre*

gull *die Möwe*
gymnastics *Turnen*

h

hair *das Haar*
hairbrush *die Haarbürste*
hamburger *der Hamburger*
hammer *der Hammer*
hamper *der Picknickkorb*
hamster *der Hamster*
hand *die Hand*
handbag *die Handtasche*
handkerchief *das Taschentuch*
hangar *die Flugzeughalle*
hanging basket *der Blumenkorb*
happy *glücklich*
harp *die Harfe*
hat *der Hut*
head *der Kopf*
heart *das Herz*
heat *die Hitze*
heavy *schwer*
hedge *die Hecke*
height chart *die Messlatte*
helicopter *der Hubschrauber*
helmet *der Helm*
hen *die Henne*
herbs *die Kräuter*
hi-fi *die Stereoanlage*
high chair *der Kinderstuhl*
high jump *Hochsprung*
hill *der Hügel*
hippopotamus *das Nilpferd*
hoe *die Hacke*
honey *der Honig*
hook *der Haken*
hoop *der Reifen*
hooter *die Hupe*
hopping *hüpfen*
horse *das Pferd*

hose *der Schlauch*
hot-air balloon *der Heißluftballon*
hotdog *das Wurstbrötchen*
humming bird *der Kolibri*
hundred *einhundert*
hutch *der Stall*

i

ice cream *das Eis*
ice skates *die Schlittschuhe*
ice skating *Eislaufen*
ice *das Eis*
iced lolly *das Eis am Stiel*
icicles *die Eiszapfen*
information board *die Anzeigetafel*
inside *drinnen*
iris *die Iris*
iron *das Bügeleisen*
island *die Insel*

j

jacket *die Jacke*
Jack-in-the-box *der Kastenteufel*
jamjars *die Einmachgläser*
jeans *die Jeans*
jellyfish *die Qualle*
jetty *der Landungssteg*
jogger *der Jogger*
judo *Judo*
juggernaut *der Laster*
juice *der Saft*
jumper *der Pullover*
jumping *springen*

k

kangaroo *das Känguru*
kennel *die Hundehütte*
kettle *der Kessel*
key *der Schlüssel*

keyboard *das Keyboard*
keyhole *das Schloss*
kicking *treten*
king *der König*
kingfisher *der Eisvogel*
kite *der Drachen*
kitten *das Kätzchen*
kiwi *der Kiwi*
knee pads *die Knieschoner*
knee *das Knie*
knife *das Messer*
knight *der Ritter*
koala *der Koalabär*

l

label *das Schild*
ladder *die Leiter*
ladybird *der Marienkäfer*
lake *der See*
lamb *das Lamm*
lamp *die Lampe*
lance *die Lanze*
lawn *der Rasen*
lawnmower *der Rasenmäher*
lead (dog's) *die Leine*
leaves *die Blätter*
leek *das Lauch*
leg *das Bein*
lemon *die Zitrone*
lemonade *die Limonade*
leopard *der Leopard*
lettuce *der Kopfsalat*
life buoy *der Rettungsring*
life vest *die Schwimmweste*
lift *der Aufzug*
light bulb *die Birne*
light *das Licht*
light (weight) *leicht*
lighthouse *der Leuchtturm*
lightning *der Blitz*
lily *die Lilie*
lime *die Limone*

liner *der Ozeandampfer*
lion *der Löwe*
lip *die Lippe*
litter bin *der Abfalleimer*
little *klein*
lizard *die Eidechse*
lobster pot *der Hummerkorb*
lobster *der Hummer*
locust *die Heuschrecke*
log *der Baumstamm*
lollipop *der Lutscher*
lunch box *die Butterbrotdose*

m

magazine *die Zeitschrift*
magic wand *der Zauberstab*
magician *der Zauberer*
male nurse *der Pfleger*
mallet *der Holzhammer*
mango *die Mango*
map *die Landkarte*
maracas *die Rasseln*
marbles *die Murmeln*
mask *die Maske*
mast *der Mast*
mat *die Matte*
mattress *die Matratze*
meadow *die Wiese*
measuring jug *der Messbecher*
measuring tape *das Maßband*
medicine *die Medizin*
melon *die Melone*
mermaid *die Meerjungfrau*
message in a bottle *die Flaschenpost*
microwave *die Mikrowelle*
milk *die Milch*

milkshake *das Milchmixgetränk*
millipede *der Tausendfüßler*
minibus *der Kleinbus*
mirror *der Spiegel*
mittens *die Handschuhe*
mixing bowl *die Schüssel*
mobile *das Mobile*
money box *die Spardose*
money *das Geld*
monkey *der Affe*
mop *der Mopp*
moth *die Motte*
mother *die Mutter*
motor boot *das Motorboot*
motorbike *das Motorrad*
mountain *der Berg*
mouse *die Maus*
mouth *der Mund*
muffin *das Küchlein*
mug *die Tasse*
mushrooms *die Pilze*
music stand *der Notenständer*

n

nail brush *die Nagelbürste*
nails *die Nägel*
napkin *die Serviette*
nappy *die Windel*
nest *das Nest*
nesting box *das Vogelhäuschen*
net *das Netz*
new *neu*
newspaper *die Zeitung*
nightie *das Nachthemd*
nine *neun*
nineteen *neunzehn*
Noah's Ark *die Arche Noah*
nose *die Nase*
notepad *der Notizblock*

notes *die Noten*
nurse *die Krankenschwester*
nuts *die Nüsse*

o

oboe *die Oboe*
octopus *der Tintenfisch*
off *aus*
old *alt*
omelette *das Omlett*
on *an*
one *ein*
onion *die Zwiebel*
open *offen*
orange (fruit) *die Apfelsine*
orange (colour) *orange*
ostrich *der Strauß*
outside *draußen*
oval *das Oval*
over *oben*
owl *die Eule*
oyster *die Auster*

p

paddles *die Paddel*
page *der Page*
paintbox *der Malkasten*
paintbrush *der Pinsel*
painting *die Zeichnung*
paints *die Farbe*
palm tree *die Palme*
palm *die Handfläche*
pansy *das Stiefmütterchen*
pants *die Unterhose*
papaya *die Papaya*
paper *das Papier*
parachute *der Fallschirm*
parcel *das Paket*
parking space *der Parkplatz*
parrot *der Papgei*
parsnip *die Pastinake*
party bag *die Überraschungstüte*

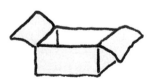

pasta *die Nudeln*
path *der Weg*
pavement *der Bürgersteig*
paw *die Tatze*
peach *der Pfirsich*
peacock *der Pfau*
pear *die Birne*
pearl *die Perle*
peas *die Erbsen*
pebbles *die Kieselsteine*
pedal car *das Spielzeugauto*
pelican *der Pelikan*
penguin *der Penguin*
penknife *das Taschenmesser*
pepper *der Pfeffer*
personal stereo *der Walkman*
petfood *das Futter*
photo album *das Fotoalbum*
photograph *das Foto*
pick-up truck *der Abschleppwagen*
picnic *das Picknick*
picture book *das Bilderbuch*
picture frame *der Bilderrahmen*
picture *das Bild*
pig *das Schwein*
pigeon *die Taube*
piggy bank *das Sparschwein*
piglet *das Ferkel*
pillow *das Kopfkissen*
pilot *der Pilot*
pin board *die Pinnwand*
pineapple *die Ananas*
pink *rosa*
pipe *das Rohr*
pirate flag *die Piratenflagge*
pirate *der Pirat*
pistol *die Pistole*
pizza *die Pizza*
plank *das Brett*

plant *die Pflanze*
plaster cast *der Gipsverband*
plaster *das Pflaster*
plastic beaker *der Plastikbecher*
plate *der Teller*
play house *das Spielhaus*
pliers *die Zange*
plum *die Pflaume*
pocket *die Tasche*
polar bear *der Eisbär*
pole vaulting *Stabhochsprung*
pond *der Teich*
ponda *der Waschbär*
poppy *der Mohn*
porcupine *das Stachelschwein*
portholes *die Bullaugen*
portrait *das Portrait*
poster *das Poster*
potato *die Kartoffel*
potty *das Töpfchen*
pram *der Kinderwagen*
present *das Geschenk*
prince *der Prinz*
princess *die Prinzessin*
proud *stolz*
puddles *die Pfützen*
puffin *der Lund*
pulling *ziehen*
pumpkin *der Kürbis*
pupil *der Schüler (die Schülerin)*
puppy *der Welpe*
purple *lila*
purse *die Geldbörse*
pushing *schieben*
puzzle *das Puzzle*
pyjamas *der Schlafanzug*

q

queen *die Königin*
queue *die Schlange*

r

rabbit *das Kaninchen*
raccoon *der Waschbär*
racing car *der Rennwagen*
radio *das Radio*
radishes *die Radieschen*
railings *der Gitterzaun*
railway track *die Schienen*
rain *der Regen*
rainbow *der Regenbogen*
rake *die Harke*
raspberry *die Himbeere*
rattle *die Rassel*
reading *lesen*
recorder *die Blockflöte*
rectangle *das Rechteck*
red pepper *die Paprika*
red *rot*
redcurrants *die Johannisbeeren*
refuse truck *der Müllwagen*
remote control *die Fernbedienung*
removal van *der Möbelwagen*
rhinoceros *das Nashorn*
rhubarb *der Rhabarber*
ribbon *das Band*
rice *der Reis*
riding *fahren*
river *der Fluss*
road *die Fahrbahn*
robot *der Roboter*
rocket *die Rakete*
rocking chair *der Schaukelstuhl*
rocking horse *das Schaukelpferd*
rocks *die Steine*

roller skating *Rollschuhlaufen*
rollerskates *die Rollschuhe*
rolling pin *das Nudelholz*
roof tile *die Dachpfanne*
roof *das Dach*
rope *das Seil*
rose *die Rose*
rowing boat *das Ruderboot*
rowing *Rudern*
rubber duck *die Gummiente*
rubber ring *der Gummiring*
rucksack *der Rucksack*
rug *der Teppich*
ruler *das Lineal*
runner beans *die Bohnen*
running *rennen*
runway *die Startbahn*

s

sack race *Sackhüpfen*
sad *traurig*
sailing ship *das Segelschiff*
salad *der Salat*
salt *das Salz*
sand *der Sand*
sandcastle *die Sandburg*
sandpaper *das Schmirgelpapier*
sandpit *der Sandkasten*
sandwiches *die Butterbrote*
saucepan *der Topf*
saucer *die Untertasse*
sauces *die Soßen*
sausage *die Würste*
saw *die Säge*
saxophone *das Saxophon*

scales *die Waage*
scarecrow *die Vogelscheuche*
scarf *der Schal*
school *die Schule*
schoolbag *die Schultasche*
scissors *die Schere*
scooter *der Roller*
screwdriver *der Schraubenzieher*
screws *die Schrauben*
sea shell *die Muschel*
sea *das Meer*
seahorse *das Seepferdchen*
seaweed *die Alge*
second *der Zweite*
seeds *das Saatgut*
seesaw *die Wippe*
seven *sieben*
seventeen *siebzehn*
sewing machine *die Nähmaschine*
shampoo *das Haarwaschmittel*
shark *der Hai*
shawl *die Decke*
shears *die Heckenschere*
shed *der Schuppen*
sheep *das Schaf*
sheet music *das Notenblatt*
sheet *das Bettlaken*
shelf *das Regal*
shield *das Schild*
shirt *das Hemd*
shoe shop *das Schuhgeschäft*
shoes *die Schuhe*
shop assistant *der Verkäufer*
shopping bag *die Einkaufstasche*
shopping trolley *der Einkaufswagen*
short *kurz*
shorts *die kurze Hose*
shoulder *die Schulter*
shower curtain *der Duschvorhang*

shower *die Dusche*
shut *geschlossen*
shy *schüchtern*
sign *das Schild*
singing *singen*
sink *die Spüle*
sister *die Schwester*
sitting *sitzen*
six *sechs*
sixteen *sechszehn*
skateboard *das Skateboard*
skipping rope *das Springseil*
skipping *seilspringen*
skirt *der Rock*
skis *die Schier*
skittles *die Kegel*
skylight *die Dachluke*
sledge *der Schlitten*
sleeping bag *der Schlafsack*
sleeping *schlafen*
sleepsuit *der Strampelanzug*
slice of cake *das Stück Kuchen*
slide *die Rutsche*
sling *die Schlinge*
slippers *die Hausschuhe*
slow *langsam*
slug *die Nacktschnecke*
snail *die Schnecke*
snake *die Schlange*
snow *der Schnee*
snowflake *die Schneeflocke*
snowman *der Schneemann*
soap *die Seife*
soccer *Fußball*
socks *die Socken*
sofa *das Sofa*
soil *die Erde*
soldiers *die Soldaten*
soother *der Schnuller*
soup *die Suppe*
spade *der Spaten*
spanner *der Schraubenschlüssel*

spider *die Spinne*
spider's web *das Spinngewebe*
spinning top *der Kreisel*
sponge *der Schwamm*
spoon *der Löffel*
spots *die Punkte*
spring *der Frühling*
square *das Quadrat*
squirrel *das Eichhörnchen*
stacking cups *das Stapelspiel*
standard lamp *die Stehlampe*
standing *stehen*
star *der Stern*
starfish *der Seestern*
steamroller *die Dampfwalze*
stethoscope *das Stethoskop*
stewardess *die Stewardess*
stool *der Hocker*
stork *der Storch*
storm *der Sturm*
strawberry *die Erdbeere*
streamers *die Luftschlangen*
street *die Straße*
street light *die Laterne*
street sign *das Straßenschild*
stripes *die Streifen*
submarine *das U-Boot*
sugar jar *das Einmachglas*
sugar rings *die Kringel*
sugar *der Zucker*
suitcase *der Koffer*
summer *der Sommer*
sun *die Sonne*
sun cream *die Sonnencreme*
sun hat *der Sonnenhut*
sunflower *die Sonnenblume*

sunglasses *die Sonnenbrille*
sunshade *der Sonnenschirm*
sunshine *der Sonnenschein*
swallow *die Schwalbe*
swan *der Schwan*
sweet potato *die Süßkartoffel*
sweet shop *der Süßwarenladen*
sweetcorn *der Mais*
sweets *die Süßigkeiten*
swimmer *der Schwimmer*
swimming trunks *die Badehose*
swimming *Schwimmen*
swimsuit *der Badeanzug*
swing *die Schaukel*
sword *das Schwert*
syringe *die Spritze*

t

table *der Tisch*
tablecloth *das Tischtuch*
tablemat *das Set*
tall *lang*
tandem *das Tandem*
tangerine *die Manderine*
tanker *der Tankwagen*
tap *der Wasserhahn*
tarantula *die Tarantel*
tea service *das Teeservice*
tea towel *das Geschirrtuch*
teacher *die Lehrerin (der Lehrer)*
team *die Mannschaft*
teaspoon *der Teelöffel*
teething ring *der Beißring*

telephone das Telefon
television der Fernseher
temperature chart die Fieberkurve
ten zehn
tennis Tennis
tent das Zelt
thermometer das Thermometer
thin dünn
third der Dritte
thirteen dreizehn
thoughtful nachdenklich
three drei
three-legged race Dreibeinrennen
thumb der Daumen
tickets die Flugkarten
tie der Schlips
tiger der Tiger
tights die Strumpfhose
till receipt der Kassenbon
till die Kasse
timpani die Pauke
tissues die Tücher
toadstool der Pilz
toaster der Toaster
toe der Zeh
toilet paper das Toilettenpapier
toilet die Toilette
tomatoes die Tomaten
tool box der Wergzeugkasten
toothbrush die Zahnbürste
toothpaste die Zahnpasta
top hat der Zylinder
torch die Taschenlampe
tornado der Wirbelsturm
tortoise die Schildkröte
toucan der Tukan
towel das Handtuch

toy boat das Segelschiffchen
tractor der Traktor
trainers die Turnschuhe
trampolining Trampolinspringen
trapdoor die Falltür
tray das Tablett
treasure chest die Schatztruhe
treasure map die Schatzkarte
tree der Baum
triangle (instrument) die Triangel
triangle (shape) das Dreieck
tricycle das Dreirad
trolley (toy) das Wägelchen
trombone die Posaune
trophy der Pokal
trousers die Hose
trowel die Schaufel
truck der Lastwagen
trumpet die Trompete
trunk der Stamm
T-shirt das T-Shirt
tummy der Bauch
turkey der Truthahn
turnip die Rübe
turtle die Wasserschildkröte
twelve zwölf
twenty zwanzig
twins die Zwillinge
two zwei

u

uncle der Onkel
under unten
up rauf

v

vacuum cleaner der Staubsauger
vase die Vase
vegetables das Gemüse

vest das Unterhemd
video der Videorekorder
village das Dorf
vintage car der Oldtimer
violin die Geige
visitor der Besucher
vulture der Geier

W

waistcoat die Weste
walker der Spaziergänger
walking frame die Gehhilfe
walking stick der Spazierstock
walking gehen
wall tiles die Fliesen
wallpaper die Tapete
wardrobe der Schrank
washbasin das Waschbecken
washing waschen
washing-up liquid das Spülmittel
wasp die Wespe
wastepaper bin der Papierkorb
watch die Uhr
water bowl das Wasserschälchen
water glass das Wasserglas
water jug der Wasserkrug
water pot das Wassertopfchen
waterfall der Wasserfall
watering can die Gießkanne
water-skier die Wasserschier
waves die Wellen
waving winken
weightlifting Gewichtheben
well der Brunnen

wetsuit der Taucheranzug
whale der Wal
wheelbarrow die Schubkarre
wheelchair der Rollstuhl
wheels die Räder
white weiß
wind der Wind
window box der Blumenkasten
window das Fenster
windsock die Windhose
wing der Flügel
winter der Winter
wire basket der Korb
wolf der Wolf
beads die Holzperlen
wooden caterpillar die Holzraupe
wooden spoon der Holzlöffel
woolly hat die Mütze
workbench die Werkbank
worktop die Arbeitsfläche
worm der Wurm
wrapping paper das Geschenkpapier
wrist das Handgelenk
writing schreiben

X

xylophone das Xylophon

y

yacht die Jacht
yellow gelb
yogurt der Joghurt
yo-yo das Jo-Jo

z

zebra das Zebra
zigzags die Zacken